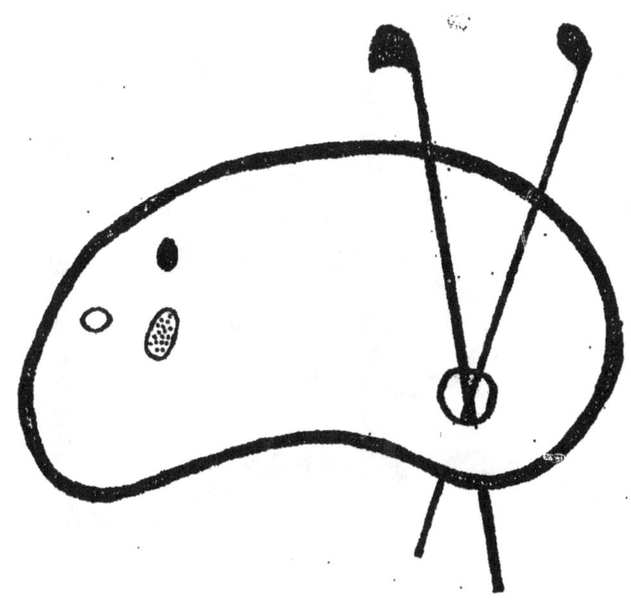

**DEBUT D'UNE SERIE DE DOCUMENTS
EN COULEUR**

VALABLE POUR TOUT OU PARTIE DU
DOCUMENT REPRODUIT

8° R
14946
(286)

La Bible et l'Histoire

PAR

le R. P. F. PRAT, S. J.

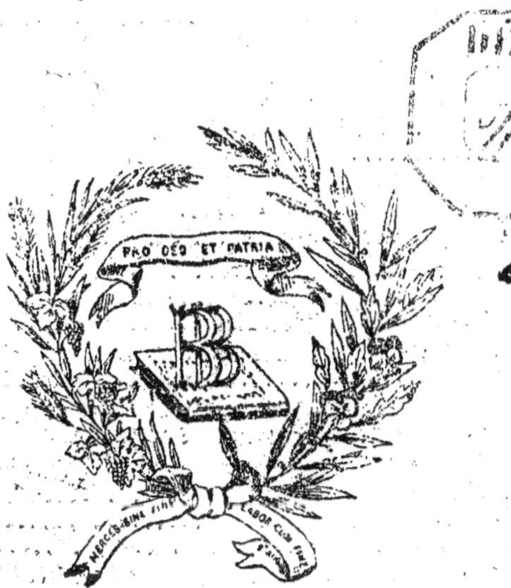

PARIS
LIBRAIRIE BLOUD & Cie
4, RUE MADAME ET RUE DE RENNES, 59
1904

Tous droits réservés

SCIENCE ET RELIGION

Études pour le temps présent. — Prix 0 fr. 60 le vol.

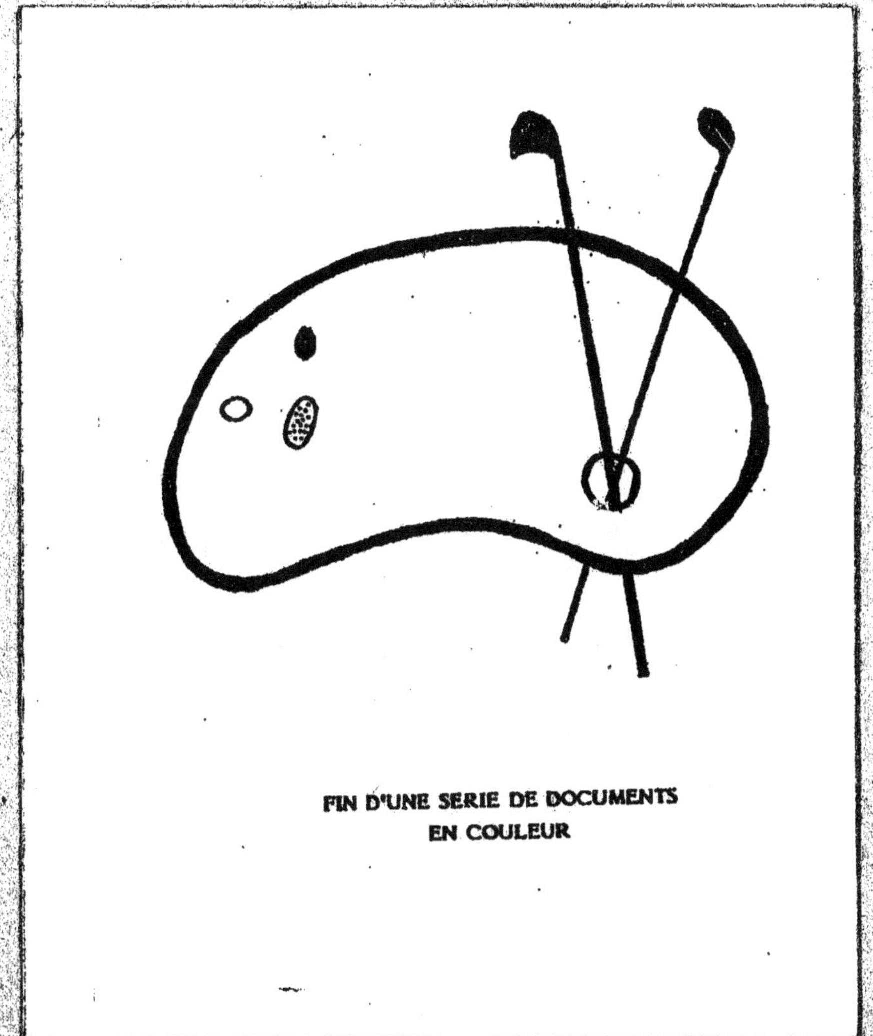

FIN D'UNE SERIE DE DOCUMENTS
EN COULEUR

LA BIBLE ET L'HISTOIRE

8° R 14946 (286)

SCIENCE ET RELIGION
Etudes pour le temps présent

La Bible et l'Histoire

PAR

le R. P. F. PRAT, S. J.

PARIS

LIBRAIRIE BLOUD & Cie

4, RUE MADAME ET RUE DE RENNES, 59

1904

Tous droits réservés.

AVANT-PROPOS

LE PROBLÈME

Puisque la vérité est une, il est naturel que toutes les sources du vrai restent solidaires et que le progrès des unes réagisse sur l'état des autres. Aussi l'intelligence des Livres saints fut-elle toujours en fonction de la vie générale du dogme, vie réelle quoique latente, et se trouve conditionnée d'ailleurs par les recherches historiques et la connaissance plus exacte de la création. Mais, justement, ce contact perpétuel doit amener des conflits, si la science profane et la science sacrée ne marchent plus du même pas. Or, on ne saurait nier qu'il ne règne aujourd'hui entre ces deux institutrices de l'esprit humain — ou plutôt entre leurs représentants plus ou moins accrédités — une certaine mésintelligence, une incompatibilité d'humeur persistante. Plusieurs déclarent l'entente illusoire, vu que les prétentions opposées sont irréductibles. Il n'en est rien. Néanmoins, quand un malentendu s'éternise, il y a d'ordinaire des griefs réciproques et les torts ne sont pas tous du même côté.

La science est justement fière de ses conquêtes. Ses triomphes, on les lui chante assez haut et sur un ton assez dithyrambique, pour qu'il soit superflu d'ajouter sa note au concert. Du reste, nous y applaudissons de grand cœur. La science n'est pas pour nous l'ennemie, elle n'est pas la rivale ; elle est la sœur cadette, l'auxiliaire toujours utile et parfois nécessaire de la révélation.

On lui a reproché de n'avoir pas tenu toutes ses promesses ; on est allé jusqu'à parler de faillite et de banqueroute. En effet, quelques-uns de ses représentants les plus attitrés s'étaient engagés en son nom à éliminer le surnaturel et à supprimer le mystère ; et l'on voit aujourd'hui combien leurs prétentions étaient chimériques : mais ce n'est pas la science elle-même, la science sans épithète, qui peut faire faillite ou même banqueroute frauduleuse ; c'est la science rationaliste, assez aveugle pour méconnaître ses limites, assez imprudente pour nier tout ce qui la passe, assez infatuée d'elle-même pour s'imaginer que son creuset ou son microscope peut l'aider à pénétrer le principe et la destinée de l'âme humaine, assez irréfléchie pour ignorer que sur ses confins les plus immédiats « l'inconnaissable l'entoure, l'enveloppe et l'étreint ». Non, ce n'est pas la science qui fait faillite : car la science n'est ni impie, ni athée, ni matérialiste ; elle sait se renfermer dans sa sphère propre de l'expérience, de l'observation et du calcul ; ce n'est pas elle qui nous donne le spectacle bizarre et humiliant d'une outrecuidante assurance allant de pair avec les incertitudes, les hésitations et les tâtonnements ; ce sont les demi- savants qui l'exploitent, qui la prennent pour piédestal et la font servir d'enseigne ou de réclame à leur philosophie antireligieuse.

Aussi merveilleux, plus merveilleux peut-être, ont été les progrès de l'histoire. Autrefois, en dehors du monde gréco-romain, l'histoire ancienne n'était que chaos et ténèbres. On n'avait de Bérose et de Manéthon que des fragments de seconde main, et les *Antiquités* de Josèphe, presque uniquement fondées sur la Bible, n'inspirent pas grande confiance quand elles s'en écartent. L'Écriture sainte, sans contrôle extérieur, n'avait donc qu'à s'accorder avec elle-même. La question biblique se réduisait à la solution des antilogies.

Tout cela a bien changé maintenant. Des civilisations disparues depuis cinq mille ans ressuscitent; nous voyons revivre et se mouvoir devant nous ces puissants monarques dont le nom même avait péri ; nous contemplons leurs traits ; nous compulsons leurs annales ; nous lisons leurs faits et gestes, naturellement gonflés par une vanité naïve, mais parfaitement authentiques, gravés sur la pierre et l'airain par les acteurs et les témoins eux-mêmes. Des dates précises nous permettent d'établir l'ordre de succession des dynasties et des souverains, de tenter des synchronismes, d'ébaucher une chronologie. Ces vieux récits se contrôlent les uns par les autres et l'on peut dire sans exagération que l'histoire d'Assyrie et de Babylone, dix siècles avant Jésus-Christ, nous est aussi connue que notre histoire nationale avant Charlemagne.

La paléographie, la linguistique, l'ethnologie, la géographie, toutes les sciences tributaires de l'histoire ont avancé du même pas. Ce sont désormais pour nous des sources d'information pouvant aboutir à la certitude, ou tout au moins à cette haute vraisemblance, formée de probabilités convergentes, qui, en pratique, s'en distingue peu. Par suite, un fait historique, regardé comme certain, peut entrer en collision avec une assertion biblique, ou plutôt avec une donnée considérée jusqu'ici comme le vrai sens de la Bible. On a parfois constaté aussi, non sans un étonnement voisin du scandale, que certaines traditions qu'on disait être le patrimoine exclusif d'Israël avaient cours ailleurs à la même époque et que des institutions qui passaient pour originales dans le peuple élu avaient leur pendant parmi les civilisations contemporaines.

D'un autre côté, l'examen interne de nos Livres saints, les conditions et les circonstances de leur apparition, la connaissance plus approfondie du milieu intellectuel et moral, l'étude comparée des Livres entre eux et des parties diverses d'un même ouvrage, ont attiré l'attention sur un certain nombre de phénomènes qui peut-être n'étaient point passés inaperçus mais qui n'avaient pas frappé les esprits sollicités et retenus par d'autres préoccupations.

De ces recherches, de ces observations, sont nés des problèmes qui intéressent moins directement sans doute la théologie que la critique, mais qui ne peuvent laisser indifférent le théologien désireux de pénétrer le sens véritable de la parole divine et d'accorder à la critique ses justes revendications.

On s'est donc demandé si certains Livres, regardés jusqu'ici comme historiques, l'étaient en effet ; si, même dans les Livres historiques, il n'y aurait pas des parties qui relèvent d'un genre littéraire moins strict, l'histoire idéalisée ; si enfin l'auteur sacré apporte sa garantie — la garantie de l'inspiration divine — à tous les documents qu'il utilise ou auxquels il se réfère, soit expressément soit implicitement.

C'est ce dernier problème — le plus difficile peut-être et le moins étudié jusqu'à ce jour — qui va nous occuper. Mais, pour en rendre l'énoncé intelligible et la solution acceptable, il faut le reprendre d'un peu haut et, après un aperçu rapide des solutions inadmissibles, étudier la nature et les caractères essentiels d'un livre inspiré.

8° R
14946
(286)

SCIENCE ET RELIGION
Etudes pour le temps present

286

La Bible et l'Histoire

PAR

le R. P. F. PRAT, S. J.

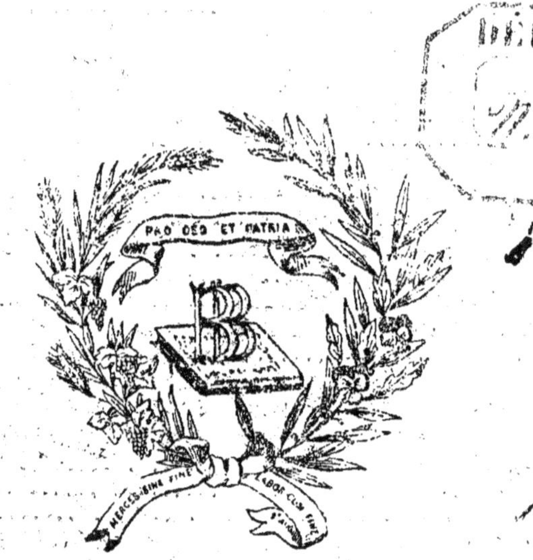

PARIS
LIBRAIRIE BLOUD & Cie
4, RUE MADAME ET RUE DE RENNES, 59
1904

Tous droits réservés

affirmations d'ordre secondaire avaient toujours la garantie de l'inspiration divine. En matière doctrinale il
ne reconnaissait point d'*obiter dicta* — et, à ses yeux,
tous les miracles sont des faits doctrinaux — mais,
hors de là, l'existence des *obiter dicta* lui paraissait
probable. Du reste, il s'en rapportait pleinement au
jugement du Saint-Siège, moins désireux, disait-il, de
faire triompher son sentiment que de provoquer une
réponse satisfaisante à ses questions et à ses doutes (1).

Proposée avec ces restrictions, sous une forme dubitative, comme un minimum d'orthodoxie, cette théorie,
simple écho affaibli de l'opinion beaucoup plus radicale
de Lenormant, ne fit pas grand bruit. Trois défauts
l'empêchèrent de prendre pied : elle était nouvelle sur
un point capital où la nouveauté est à bon droit suspecte ; elle était inconséquente, car du moment qu'on
introduit l'erreur dans la Bible on ne peut plus sans
arbitraire en tempérer la dose, et la porte sur l'erreur,
qu'on voulait tenir entrebâillée, s'ouvre toute grande ;
enfin, elle était peu utile à l'apologétique, puisque
l'admission de quelques *obiter dicta* mal définis ne
résout nullement les redoutables problèmes soulevés de
nos jours par la critique littéraire et historique des
Livres saints.

§ 2. — *Inspiration mitigée de Mgr d'Hulst*

C'est ce que vit très bien le noble et éloquent prélat
qui, tout en se défendant de patronner l'école large, s'en
faisait l'avocat habile ou tout au moins le rapporteur

(1) Newman, l'*Inspiration de l'Écriture sainte*, dans le
Correspondant, 25 mai 1884, t. CXXXV, p. 693-694. (Article
traduit du *Nineteenth Century*, février 1884.)

bénévole. Il évitait le reproche adressé à Newman et à Lenormant de *restreindre* l'inspiration, mais c'était pour donner sur un écueil encore plus dangereux : l'inspiration *mitigée*.

Si nous le suivons bien, — car sa pensée un peu ondoyante a des remous et des tourbillons, — l'inspiration accompagne *toujours* l'écrivain sacré, sans lui conférer *toujours* l'inerrance : « Comment cela ? C'est qu'autre chose est révéler, autre chose inspirer. La révélation est un enseignement divin qui ne peut porter que sur la vérité. L'inspiration est une action motrice qui détermine l'écrivain sacré à écrire, le guide, le pousse, le surveille. Cette motion, selon l'hypothèse que j'expose, garantirait l'écrit de toute erreur dans les matières de foi et de morale ; mais on admettrait que la préservation ne va pas au-delà : elle aurait alors les mêmes limites que l'infaillibilité de l'Église. La *promesse d'inerrance* n'a été faite à l'Église que pour nous proposer avec certitude l'objet de la croyance et la règle des mœurs. Sans doute, la Bible n'est pas seulement *infaillible* comme l'Église, elle est *inspirée*. Mais si l'inspiration s'étend à tout, peut-être ne confère-t-elle pas l'infaillibilité à tous les dires de l'auteur inspiré ; peut-être réserve-t-elle ce privilège aux dires qui intéressent la foi et les mœurs ; peut-être les autres énoncés que l'inspiration ne garantirait pas, sont-ils là seulement pour servir de véhicules à un enseignement concernant la foi et les mœurs ; peut-être le Dieu inspirateur, qui aurait pu redresser, même en pareil cas, les erreurs matérielles de l'écrivain sacré, a-t-il jugé inutile de le faire. » Après de longues considérations, qui ne touchent pas directement au vif du système, Mgr d'Hulst concluait ainsi : « On a toujours admis un élément humain subordonné à l'élément divin dans la composition des saints Livres.

Tous les commentateurs, tous les Pères de l'Église ont
fait remarquer les différences de style, de génie, de
préparation intellectuelle, qui distinguent entre eux les
écrivains sacrés... Est-ce que la Genèse, les Livres des
Rois ne contiennent pas des répétitions, des doubles em-
plois, des retours en arrière, des défauts de proportion ?
Tout cela s'explique aisément si les auteurs sacrés n'ont
été protégés contre leur faiblesse naturelle que là où la
foi était intéressée. Tout cela reste inexplicable si
l'Esprit-Saint prend la responsabilité de tout, s'il absorbe
l'activité de son instrument au point de le réduire à une
sorte de passivité. Une œuvre qui est intégralement
divine doit être intégralement parfaite. Or, aux yeux de
plusieurs, une faute de goût, de composition, en un
mot, une faute d'art est une plus grande tache dans un
écrit qu'une erreur historique (1). »

§ 3. — *L'encyclique et l'inspiration intégrale*

L'encyclique *Providentissimus*, on ne l'a pas oublié,
n'accepte pas cette argumentation. En effet, autre chose
est l'erreur, autre chose une incorrection ou un barba-
risme. Par le fait de l'inspiration, l'hagiographe parle
au nom de Dieu et, dès lors, tout ce qu'il dit s'impose à
la foi du lecteur : les deux témoignages n'en font qu'un,
le dédoublement est impossible ; *Dieu dit* ou *l'auteur
sacré dit* sont deux expressions absolument synonymes ;
par suite, ne voit-on pas qu'en supposant dans la Bible
l'existence de l'erreur, on fait de Celui qui est la vérité
même l'inspirateur et l'auteur du mensonge ?

(1) Mgr d'Hulst, *la Question biblique*, dans le *Correspondant*,
25 janvier 1893, p. 220 et 233.

Je sais bien qu'à l'heure actuelle cette conséquence est contestée par plus d'un catholique. On assure que l'inspiration étendue à tout peut fort bien se concevoir sans la pleine garantie de Dieu ; on fait observer que l'inspiration *orale* des apôtres et des prophètes n'était peut-être pas d'une autre nature et l'on nourrit, au fond du cœur, l'espoir que l'encyclique pontificale fera son temps, qu'elle n'est qu'une étape destinée à paver le chemin à une conception plus libérale. Nous croyons ces prévisions vaines ; car, sans aller au fond des choses ni examiner si l'inspiration mitigée n'est pas la négation même de l'inspiration, il saute aux yeux de tous qu'on déplace le problème et qu'on discute à côté de la véritable question. On ne demande point ce que l'inspiration pourrait être en théorie et dans un autre ordre de providence, il s'agit de savoir ce qu'elle est en effet dans des livres concrets, dépositaires de la révélation surnaturelle telle qu'il a plu à Dieu de nous l'octroyer. Or, si la tradition catholique n'est pas une chimère, si le consentement unanime des Pères n'est pas un vain mot, si la constance, la perpétuité et l'universalité d'une doctrine constituent une règle de foi, il n'est point de dogme plus solidement établi que l'inerrance de l'Écriture. Jamais Père ou docteur, jamais écrivain ecclésiastique, même en présence d'antilogies inextricables, n'ont recouru, pour se tirer d'embarras, à ce commode subterfuge, qu'il peut y avoir dans la Bible, en quelque matière que ce soit, des enseignements erronés. Seul, Origène connaît des critiques assez hardis pour accorder cela ; mais Origène, qui ose tant de choses, recule devant la témérité de ces novateurs anonymes, dont, après lui, personne n'a retrouvé la trace.

S'inscrira-t-on en faux contre l'unanimité de ce témoignage ? Mais alors, qu'on cite une exception, une

seule ! Dira-t-on que le fait et la nature de l'inspiration
sont une de ces questions indifférentes, étrangères à
l'objet de la foi, où les Pères, malgré leur accord unanime, ont pu se tromper ? Nous ne le pensons pas.
Mgr d'Hulst fut le premier à renier son système dès
qu'il le vit en désaccord avec la tradition catholique ;
et, s'il conserve encore des partisans secrets, attendons,
pour peser leurs raisons, qu'ils aient le courage de les
publier.

Que fera maintenant l'apologiste rempli de zèle et
d'amour pour l'Église, mais qui, au plus fort de la
mêlée, sait prendre le mot de Rome ? On lui a conseillé
de rentrer sous sa tente comme un autre Achille et de
se désintéresser dorénavant du sort de la bataille. Je
cite : « Les critiques catholiques avaient pensé voir la
nécessité de fonder l'étude de la Bible sur une base
scientifique... Croyant à la nécessité d'une rénovation
de l'exégèse, ils ont cru à sa possibilité et ils se sont mis
en devoir de l'effectuer. Leur volonté a été généreuse,
bien que le fruit de leurs efforts paraisse maintenant
détruit. Ils se conformeront selon leur conscience aux
directions pontificales, et l'avenir seul pourra dire à
quoi leurs travaux auront servi. A l'heure présente, ils
ne sont pas qualifiés pour défendre les positions que
Léon XIII leur reproche d'avoir abandonnées, ni pour
faire valoir des preuves qu'ils ont naguère déclarées
fragiles. Les théologiens qui se flattent de n'avoir rien
cédé à la critique n'ont qu'à suivre les progrès de celle-
ci, comme le Souverain Pontife le leur recommande,
tout en soutenant les opinions dites traditionnelles ; ils
ont déjà perdu trop de temps à combattre, en les déna-
turant souvent, les conclusions des critiques catholiques. Une besogne plus urgente leur est maintenant
dévolue : exposer avec une parfaite sincérité l'état actue

de la critique biblique chez les protestants; démontrer par les faits que toutes les conclusions de cette critique sont arbitraires, et que la science de la Bible tient encore tout entière dans son commentaire théologique (1). »

Ce ton amer et tant soit peu frondeur ne guérira rien, pas même les petites blessures d'amour-propre. Oublions nos griefs et nos rancunes, et tendons à ces pauvres théologiens une main secourable, supposé qu'ils aient besoin de notre secours : à coup sûr, nous avons besoin du leur.

(1) Conclusion d'un article signé Isidore Desprès, paru dans la *Revue du Clergé* sous ce titre : *la Lettre de Léon XIII au clergé de France et les études d'Écriture sainte*, 1er juin 1900, p. 17.

CHAPITRE II

§ 1. — *Science et révélation*

Une vérité presque banale, à force d'être vraie, c'est que « Dieu ne s'est pas proposé d'enseigner aux hommes des notions profanes, sans nul profit pour leur salut (1) ».

La révélation et la science roulent dans des orbites distinctes, assez éloignées pour prévenir les heurts. Leurs objets propres sont des valeurs d'ordre différent, des quantités incommensurables.

Si l'Esprit-Saint avait eu pour but de nous initier aux secrets de la nature, les hérauts de la révélation auraient bien mal rempli leur mandat. Quelle science peut-on seulement ébaucher avec les données bibliques ? L'astronomie ? Mais l'Écriture ne mentionne que le soleil, la lune, l'étoile du matin, avec deux constellations — trois peut-être — qu'on ne sait au

(1) Le mot est de saint Augustin, *De Genesi ad litteram*, II, ix, n° 20, Migne, t. XXXIV, col. 270. Léon XIII, dans l'encyclique *Providentissimus*, le répète comme un axiome. Nous l'avons traité avec quelques développements dans la *Civiltà Cattolica*, juillet et août 1902.

juste où placer dans le ciel. La minéralogie ? Mais la Bible se borne à nommer six métaux, sept substances minérales des plus vulgaires et une quinzaine de pierres précieuses, d'identification souvent incertaine, qui ornent le rational du grand prêtre, le manteau symbolique du roi de Tyr et les fondements de la Jérusalem céleste. La botanique et la zoologie ? Il y a dans la Bible une centaine d'espèces animales, à peu près autant de végétaux, mais l'Écriture ne mentionne la plupart de ces êtres que comme termes de comparaison ou dans la liste des animaux purs et impurs, sans nous rien apprendre sur leur nature et sans même nous fournir toujours le moyen de les identifier. Dieu n'a pas inspiré Salomon quand il dissertait sur la flore entière, depuis le cèdre jusqu'à l'hysope ; ou, s'il l'a inspiré, il n'a pas permis que ces ouvrages, d'un tour trop profane, vinssent jusqu'à nous. Fait à retenir : le livre sacré qui renferme de beaucoup le plus d'allusions scientifiques est précisément ce Livre de Job, dont l'étincelante poésie, véritable feu roulant de métaphores, ne laisse à l'enseignement technique et positif qu'un résidu insignifiant.

Aucun ouvrage inspiré n'est un livre de science. Non pas que la Bible ne puisse contenir et ne contienne en effet des affirmations d'ordre scientifique ; mais parce que l'Écriture ne saurait être, *ex professo* et avant tout, un manuel de physique ou de géologie, sans cesser d'être, *ex professo* et avant tout, un écrit religieux, un ouvrage inspiré. Conclusion : la Bible n'est ni au-dessous, ni à côté : elle est au-dessus de la science.

Comme son but et sa raison d'être ne sont pas la science, elle pourra parler le langage usuel, sans prétention scientifique, décrire les phénomènes tels qu'ils frappent nos sens, quelle que soit leur nature intime, et garder à travers les siècles, malgré le progrès incessant de toutes les connaissances, une immuable vérité.

Le degré d'exactitude exigé d'un auteur dépend en effet beaucoup du genre de composition adopté par lui et des prétentions qu'il affiche.

Un écrivain qui ferait profession d'enseigner la science ne saurait, sans avis préalable, se servir des formules lâches permises au vulgarisateur. A plus forte raison un phénomène naturel pourra-t-il revêtir une expression tout à fait différente dans un poème, une histoire et un traité de physique. C'est que le poète et l'historien se contentent de regarder et de décrire les choses par le dehors, sans chercher à en pénétrer la nature intime, tandis que le savant de profession, à raison du but qu'il se propose et de ses engagements au moins implicites envers le lecteur, n'a plus ce droit.

Dès qu'il ne prétend pas faire œuvre de science, un auteur, serait-il inspiré, peut ranger, par exemple, les cétacés et les crustacés parmi les poissons, les planètes parmi les étoiles, les chauves-souris parmi les oiseaux, les singes parmi les bipèdes ou les quadrupèdes, le lièvre et le lapin parmi les ruminants, au grand scandale des naturalistes. Ce sont là des manières de parler populaires ; mais, en dehors des traités scientifiques, ce ne sont pas des erreurs. Il suffit que le langage reçu les autorise : le seul fait d'employer les classifications en vigueur ne nous constitue pas garants de leur valeur intrinsèque.

C'est là, si je ne me trompe, ce qu'entendait saint Jérôme en faisant cette concession oratoire dont le lecteur, tout d'abord, ne laisse pas que d'être un peu surpris : *Quasi non multa, in Scripturis sanctis, juxta opinionem illius temporis, quo gesta, referuntur et non juxta quod rei veritas continebat* (1). Une accommodation de langage n'est pas toujours une erreur, et un énoncé plus conforme à l'opinion commune qu'à la stricte réalité des choses, dans les limites assignées plus haut, peut très bien se concilier avec l'inerrance scripturaire.

On a quelquefois qualifié cela de *vérité relative*, mot ambigu dont il serait peut-être préférable de s'abstenir. Dans le langage courant, un succès relatif est un piètre succès et, chez plus d'un critique, la vérité relative n'est qu'un euphémisme poli pour désigner l'erreur. D'un autre côté, si l'on considère que la vérité absolue est l'apanage de Dieu seul, il est manifeste que toute vérité humaine sera relative et ce terme ne voudra rien dire. Évitons les questions de mots : il suffit que, pour le fond des choses, nous soyons d'accord avec la tradition. Nous venons d'entendre saint Jérome : écoutons maintenant saint Augustin.

Augustin établit deux catégories de vérités : celles qui ont pour objet la nature, où les savants sont seuls compétents, et celles qui concernent la foi, où leur incompétence est absolue. Nous acceptons les premières sur leur parole, pourvu qu'elles soient accompagnées de preuves suffisantes, et nous montrons que la Bible, dûment interprétée, n'y est pas contraire ; quant aux autres, nous dénions à tout profane le droit de s'en occuper : elles forment le domaine inaliénable du croyant éclairé par la révélation.

Comment distinguer, dans ces deux ordres de vérités, les locutions figurées et les impropriétés de langage ?

____

(1) *In Jerem.*, xxviii, 10, Migne, *P. L.*, t. XXIV, col. 855. — Saint Jérôme dit cela à propos d'Hananias, qualifié de prophète (Jér., xxviii, 10), parce qu'il passait pour prophète bien qu'il ne le fût pas.

En matière dogmatique, la règle des mœurs et l'analogie
de la foi nous serviront de guides ; en fait de sciences
profanes, il est juste de mettre à profit l'avis des spé-
cialistes. Car « il arrive souvent qu'un infidèle, aidé du
raisonnement et de l'expérience, connaisse avec certitude les mouvements, les révolutions, la grandeur et la
distance des astres, les éclipses de soleil et de lune, les
retours périodiques des années et des saisons, la nature
des animaux, des végétaux, des minéraux et autres
sujets semblables. C'est une honte, un danger et un
malheur qu'un chrétien se prononce à la légère sur
ces questions-là, comme s'il parlait au nom de la
Bible (1) ».

§ 2. — *Conséquences pour l'exégèse*

Ce n'est pas saint Augustin qui eût songé à faire intervenir la Bible dans la dispute contre le transformisme.
La génération spontanée, la mutabilité des espèces, la
chaîne continue des êtres vivants, sans lacune ni inter-
ruption, peuvent être des hérésies scientifiques ou phi-
losophiques, — et c'est par la philosophie ou les sciences
qu'il faut les combattre, — ce ne sont pas des hérésies
bibliques. Ah ! s'il s'agissait de la première apparition
de l'homme sur la terre, le texte sacré est formel et
l'objet, par sa nature même, se rattache à la foi révélée.
Mais la Bible n'a pas pour mission de nous enseigner
toute science ni de nous prémunir contre toute erreur ;
et parce qu'il est plus facile de trouver des textes que

(1) *De Genesi ad litteram* I, xix, nº 39, Migne, t. XXXIV,
col. 261.

des raisons, on ne doit pas l'engager à l'aveugle dans un débat où elle n'a point affaire.

A ce point de vue, la circonspection de l'évêque d'Hippone et de saint Thomas est caractéristique.

Dans les questions d'herméneutique, saint Thomas suit fidèlement les pas d'Augustin (1). C'est lui qui vulgarise la doctrine du maître, en lui donnant une expression heureuse, quand il dit que l'auteur inspiré s'en rapporte parfois aux apparences sensibles (2). Comme on retrouve bien le disciple d'Augustin dans les lignes suivantes : « A l'égard des maximes communément enseignées par les philosophes, sans être opposées à nos croyances, j'estime plus sûr d'éviter tout ensemble et de les affirmer comme des articles de foi et de les rejeter comme contraires aux saintes Lettres, afin de ne pas fournir aux hommes de science l'occasion de mépriser nos dogmes(3). »

Les auteurs de commentaires prétendus scientifiques oublient trop ces principes. Préoccupés de hausser leur exégèse au niveau toujours changeant des sciences humaines, ils faussent l'explication naturelle du texte sacré, attribuant à l'écrivain des théories qui n'étaient pas de son âge, qu'il n'aurait pu, faute de termes con-

---

(1) Cf. *De Doct. christ.*, III, 14, Migne, *P. L.*, t. XXXIV, col. 71 ; *Epist. ad Marcellin.* CXLVIII, n° 7, Migne, *P. L.*, t. XXXIII, col. 588 ; *De Genesi ad litt.*, I, IX, n° 31 ; I, XVIII, n° 37 ; I, XXI, n° 41, etc. Migne, *P. L.*, t. XXXIII, col. 588 ; t. XXXIV, col. 233, 260, 261.

(2) *Summa theol.*, I, qu. LXX, a. 1, ad. 3. — Pour l'application de ce principe, voir son commentaire de Job, XXVI, 7 : *Qui extendit aquilonem super vacuum et appendit terram super nihilum.* Voir aussi saint Augustin sur ce texte : *Fundavit terram super aquam.* Ps. XXIII, 2 (ancienne version), *De Gen. ad litt.*, II, IV, Migne, *P. L.*, t. XXXIV, col. 264.

(3) *Opusc.* X.

venables, faire comprendre à ses contemporains et qui
n'aboutiraient, en définitive, qu'à repaître une curiosité
vaine, au lieu de nous apprendre les voies du salut. Ces
commentateurs *savants* puisent à pleines mains aux
traités de cosmogonie, d'astronomie, de cosmographie,
de géologie, de paléontologie. A propos des premiers
versets de la Genèse, ils passent en revue toutes les
phases de notre planète, depuis la chiquenaude initiale
qui tira de son inertie la nébuleuse primitive. On ne
nous fait grâce d'aucune couche sédimentaire ni d'aucune roche éruptive. Avant d'arriver au trias et au lias,
il nous faut, bon gré, mal gré, traverser la période cam-
brienne et précambrienne, la période silurienne, la période carbonifère, la période permienne. On nous met
sous les yeux les mollusques de ce temps-là : ammo-
nites et bélemnites ; les lézards gigantesques : ichtyo-
saures, plésiosaures, téléosaures ; toute une ménagerie
de monstres plus bizarres les uns que les autres : igua-
nodons, tricératops, ptérodactyles, et nous ne commen-
çons à respirer qu'en voyant apparaître le rhinocéros
tichorhinus, l'éléphas primigenius avec le grand ours
des cavernes. Mais, avant d'en finir, nous ne pouvons
décemment nous dispenser de saluer nos ancêtres de
Neanderthal, de Canstadt et de Cro-Magnon, ni de visi-
ter leurs chefs-d'œuvre, réunis à Saint-Germain-en-
Laye.

Tout cela est fort instructif et même, quand l'auteur
est habile et le dessinateur expert, assez intéressant. Le
mal est que cette exégèse savante évolue sans relâche,
essayant le flux et le reflux des hypothèses éphémères
qui ont tour à tour la prétention de dire le dernier mot
de la science. Moïse devient neptunien ou plutonien,
suivant le système géologique actuellement en vogue,
et il change quelquefois d'opinion dans deux éditions

successives du même ouvrage. Il était censé jusqu'à ces derniers temps exposer par avance, sous une forme accessible à tous, la cosmogonie de Laplace, hier regardée comme le *nec plus ultra* du progrès. Aujourd'hui que plusieurs faits nouveaux — la rotation rétrograde d'Uranus, de Neptune et de leurs satellites, la révolution vertigineuse de Phobos autour de Mars — ont jeté quelques doutes sur la théorie de Laplace, on commence à trouver que l'auteur de la Genèse favorise plutôt l'hypothèse de Faye : vous verrez qu'il sera demain avec M. de Ligondès.

Essayons de tracer les bases du *modus vivendi* qui doit à l'avenir régler les rapports entre la science et l'exégèse :

1° Le domaine de la révélation et celui de la science sont distincts ; rarement ils se rejoignent ; plus rarement ils se compénètrent. C'est sur le terrain de la philosophie qu'a lieu le contact ; mais « si théologiens et savants se renferment dans leurs frontières respectives, évitant de donner pour connu et certain ce qui ne l'est pas, tout péril de conflit sera écarté ».

2° Le but premier, la raison d'être essentielle d'un livre inspiré n'est pas et ne peut pas être la science. Il n'y a de science révélée que dans la mesure nécessaire au salut de l'homme et à l'économie de la foi. Dès lors, l'explication prétendue *scientifique* — je ne dis pas savante — de l'Ecriture est une erreur et un danger, car elle engage imprudemment la Bible dans des questions auxquelles elle devrait rester étrangère.

3° Ce caractère religieux, indispensable et suffisant pour un livre sacré, donne à l'auteur le droit d'employer un langage peu scientifique, en décrivant les lois et les phénomènes de la nature. Ce qui n'est pas taxé d'erreur dans un livre profane, qui n'a pas la prétention

des récits bien différents de conception, de manière et
d'allure. On n'écrit plus guère l'histoire comme elle
s'écrivait au temps des Grecs et des Romains. Même
parmi nous, quelle diversité !

Aux deux pôles extrêmes, nous distinguons deux
méthodes de composition partant de principes diamétralement opposés. La première est la méthode de
compilation. Elle consiste à réunir tous les matériaux
accessibles, à les débiter sans autres changements
que des modifications superficielles de style, à les juxtaposer malgré leurs disparates, à influencer le moins
possible l'opinion du lecteur, en laissant au récit un
caractère anonyme et en quelque sorte impersonnel.
La seconde s'appellera, faute d'un terme plus convenable,
méthode d'*élaboration*. Après avoir compulsé tous les
documents à sa portée, l'historien qui l'emploie digère
ses lectures, les coordonne, les réduit à l'unité. Tous
ses jugements lui appartiennent ; il doit, sous peine de
tromper le lecteur, les nuancer suivant la couleur exacte
de sa pensée. Un passage qu'il citerait sans référence
serait chez lui un pur plagiat.

On est allé jusqu'à soutenir que cette dernière n'est
permise — en dehors des mémoires et des autobiographies — qu'au cas où le trop grand nombre de documents la rend nécessaire ; car la reproduction intégrale
des documents serait à la fois plus instructive et plus
intéressante. Toujours est-il qu'elle est la plus naturelle
dans l'enfance de l'histoire et qu'elle s'impose presque
quand la pénurie des documents ne semble guère
justifier leur mise en œuvre.

A côté de ces deux méthodes, il convient d'en signaler
une troisième : c'est la méthode mixte, où l'auteur,
guidé par une fin bien précise et un cadre historique
bien délimité, opère un triage parmi les documents

§ 4. — *Application à l'histoire biblique.*

Avons-nous le droit d'étendre aux sciences historiques les conclusions précédemment posées pour les sciences de la nature ? L'analogie nous y invite et l'encyclique pontificale semble nous y autoriser. Après avoir tracé, d'une main ferme et d'un esprit large, les règles qui assureront à l'exégèse progrès et stabilité, Léon XIII ajoute : « On pourra aussi appliquer ces principes aux sciences voisines, surtout à l'histoire. »

Il est vrai. la religion se rattache à l'histoire par un lien beaucoup plus étroit qu'à aucune autre science, et tandis que la nature intime des phénomènes physiques intéresse fort peu le problème de nos destinées, plusieurs de nos dogmes reposent sur la réalité objective d'événements passés. Nier ces faits, c'est nier le dogme. Dans l'Evangile, en particulier, le point de vue historique et le point de vue religieux se rapprochent tellement, ils sont si mêlés et si entrelacés qu'ils arrivent presque à se confondre. De même, proportions gardées, dans les Actes des Apôtres. Certains livres de l'Ancien Testament exigent aussi, à un degré moindre, le caractère historique, parce qu'ils soutiennent l'édifice de la révélation et concourent à la fondation de la foi chrétienne, en nous montrant, par exemple, la vigilante providence de Dieu sur le peuple élu et la suite des préparations évangéliques. La parité que nous pensions entrevoir entre l'histoire et les sciences naturelles va-t-elle donc s'évanouir ? Non : mais elle se dégage et se circonscrit.

Entre l'histoire et la religion, la connexité est plutôt l'exception que la règle. Que le monde ait commencé

quelques milliers d'années plus tôt ou plus tard, que la
captivité d'Egypte ait duré quatre cent trente ans ou
seulement deux cent quinze, que le gouvernement des
Juges ait été ou non local et simultané, cela ne change
rien à l'économie de notre foi ni à la moralité de nos
actions. Ici encore se vérifie le mot de saint Augustin :
« Dieu ne se proposait pas d'enseigner aux hommes ces
choses sans profit pour leur salut. » Ou plutôt il a bien
pu se proposer cela, mais ce n'est pas le but premier de
la révélation ni le caractère distinctif des Livres saints ;
car, dans un livre inspiré, le point de vue religieux
prime tout le reste et ne saurait, en aucun cas, passer
au second plan.

Pourquoi, se demande saint Grégoire de Nysse, l'Ecriture néglige-t-elle parfois l'ordre chronologique ? « Cet
ordre, répond le grand docteur, est indifférent au
maître et au directeur de nos âmes, l'Esprit-Saint, uniquement attentif à nous guider dans les voies du salut (1). » Aussi, au jugement des Pères, les livres de la
Bible seraient indignes de Dieu, s'ils ne renfermaient,
greffé sur le sens littéral, un sens plus noble, plus sublime, plus mystérieux, qu'ils appellent de divers noms :
mystique, allégorique, spirituel. Théodore de Mopsueste
fut condamné au cinquième Concile général pour avoir
refusé de le reconnaître dans le Cantique des cantiques.
« Si le Cantique de Salomon, remarque Théodoret,
n'était rien qu'un épithalame et la description d'un ma-
riage vulgaire, il serait également indigne du Saint-
Esprit et de l'Eglise (2).

(1) *In Psalmor. inscriptiones*, xi, Migne, *P. G.*, t. XLIV,
col. 541. Lire dans le même Père le commentaire de ce texte :
La lettre tue mais l'esprit vivifie : *In Cantica cant. Prooemium*,
Migne, *P. G.*, t. XLIV, col. 756 764 ; *Contra Eunom*, vii,
Migne, *P. G.*, t. XLV, col. 741-745.

(2) *In Cantic. Prolog.*, Migne, *P. G.*, t. LXXXI, col. 29.

Ce caractère spécial de nos Livres saints, élevés par leur objet propre au-dessus des ouvrages profanes, n'avait pas échappé aux docteurs de la Synagogue. Il est à noter qu'ils n'ont pas fait dans leur canon une place à part aux livres historiques. Les plus anciens de ces écrits, Josué, les Juges, Samuel, les Rois, sont rangés parmi les prophètes ; les derniers, Esdras, Néhémie, Esther, les Paralipomènes, sont comptés au nombre des *Maktûbim* ou hagiographes, à côté de Job, des Psaumes, des Proverbes et du Cantique des cantiques. Ce n'est pas pour déroger à leur caractère historique, mais pour faire entendre qu'ils ont une fin plus haute, que ce ne sont pas de simp'es manuels d'histoire.

CHAPITRE III

§ 1. — *Diverses manières d'écrire l'histoire*

Il ne faut pas se lasser de répéter les axiomes les plus
évidents quand se manifeste une tendance à les contes-
ter ou à les oublier. Aucun genre littéraire, usité chez
les écrivains profanes, n'est indigne des auteurs sacrés :
apologue, allégorie, fiction, ce que nous nommerions
aujourd'hui roman historique ou roman de mœurs, tout
cela est capable d'instruire et peut être, par conséquent,
l'objet de l'inspiration divine. On ne voit même pas que
la compilation, ce genre littéraire infime, qui mérite à
peine au compilateur le nom d'auteur, ne puisse-revêtir
un caractère canonique, si l'écrivain inspiré en fait le
véhicule d'un enseignement religieux. En tout cas l'a-
brégé d'une œuvre existante peut être le fruit de l'inspiration. Le second Livre des Machabées résume, pour les
faits, Jason de Cyrène; les commentateurs en convien-
nent aujourd'hui et ils ne sauraient le nier sans s'atta-
quer au témoignage de l'auteur lui-même.

Puisque l'inspiration s'accommode de tous les genres
littéraires, on doit s'attendre à trouver dans la Bible

des récits bien différents de conception, de manière et d'allure. On n'écrit plus guère l'histoire comme elle s'écrivait au temps des Grecs et des Romains. Même parmi nous, quelle diversité !

Aux deux pôles extrêmes, nous distinguons deux méthodes de composition partant de principes diamétralement opposés. La première est la méthode de *compilation*. Elle consiste à réunir tous les matériaux accessibles, à les débiter sans autres changements que des modifications superficielles de style, à les juxtaposer malgré leurs disparates, à influencer le moins possible l'opinion du lecteur, en laissant au récit un caractère anonyme et en quelque sorte impersonnel. La seconde s'appellera, faute d'un terme plus convenable, méthode d'*élaboration*. Après avoir compulsé tous les documents à sa portée, l'historien qui l'emploie digère ses lectures, les coordonne, les réduit à l'unité. Tous ses jugements lui appartiennent ; il doit, sous peine de tromper le lecteur, les nuancer suivant la couleur exacte de sa pensée. Un passage qu'il citerait sans référence serait chez lui un pur plagiat.

On est allé jusqu'à soutenir que cette dernière n'est permise — en dehors des mémoires et des autobiographies — qu'au cas où le trop grand nombre de documents la rend nécessaire ; car la reproduction intégrale des documents serait à la fois plus instructive et plus intéressante. Toujours est-il qu'elle est la plus naturelle dans l'enfance de l'histoire et qu'elle s'impose presque quand la pénurie des documents ne semble guère justifier leur mise en œuvre.

A côté de ces deux méthodes, il convient d'en signaler une troisième : c'est la méthode mixte, où l'auteur, guidé par une fin bien précise et un cadre historique bien délimité, opère un triage parmi les documents

dont il dispose, élimine ceux qui ne vont pas à son but,
puis combine, reproduit, abrège ou résume les autres.
Moins littéraire que la seconde, moins primitive que
la première, cette méthode participe un peu aux avantages et aux inconvénients de toutes les deux. Pour ne
pas dérouter le lecteur, l'historien sera tenu de faire connaître, au moins par une indication sommaire ou une
mention générale, la nature des documents transcrits
ou analysés. Cependant un document peut être si connu
dans un pays et à un moment donné, que toute référence
expresse devienne superflue. Il ne faut pas d'ailleurs
perdre de vue que l'usage des citations et la manière
de les faire dépendent beaucoup des mœurs littéraires
de l'époque.

§ 2. — *Recherche du genre littéraire*

La première question qui se pose en présence d'un
Livre inspiré est donc la détermination du genre littéraire auquel il appartient.

Les théologiens de profession, habitués à chercher dans
l'Écriture des preuves et des arguments, sont exposés à
n'y voir qu'une mine à textes dogmatiques, une longue
suite d'*asserta*, tous bons à prouver quelque chose. S'ils
n'étaient que cela, les saints Livres pourraient encore
rester divins ; ils cesseraient d'êtres humains. Comme
les autres, les auteurs inspirés écrivent avec leur esprit,
leur imagination, leur cœur, toute leur âme ; ils sont
tour à tour orateurs, historiens, poètes, philosophes.
Les prophètes sont pleins de comparaisons, de symboles,
d'allégories ; les évangélistes se délectent dans les paraboles. Pour être inspirée, une composition ne change

pas de genre littéraire pas plus qu'une proposition ne change de nature.

Il ne suffit pas qu'un récit soit d'allure historique pour être de l'histoire, surtout de l'histoire au sens strict. Certaines paraboles, comme celle du bon Samaritain et celle du pauvre Lazare ont une telle couleur locale que les commentateurs hésitent entre le récit fictif et l'histoire réelle, tandis que plusieurs, comme Maldonat, se prononcent pour un genre intermédiaire entre la fiction pure et la vérité rigoureuse. Le cantique des cantiques, au sens littéral, semble décrire l'hymen du roi Salomon ; et pourtant l'immense majorité des Pères et des interprètes se refusent à y reconnaître la moindre parcelle d'histoire ; ils n'y voient qu'une longue et sublime allégorie prophétique, l'épithalame de l'union du Christ avec son Église.

Et voilà le problème qui préoccupe le plus en ce moment les exégètes catholiques. Certains Livres d'apparence historique : Judith, Tobie, Daniel, Job, Jonas, Esther, sont-ils de l'histoire proprement dite ? Ne sont-ils qu'une fiction et rien de plus ? Seraient-ils un mélange de fiction et d'histoire ; ou peut-être des fragments d'histoire idéalisée ?

Pour le livre de Job, nous n'écartons pas *a priori* l'hypothèse de la fiction. La tradition juive et chrétienne, le sentiment commun de l'Église, le ton du prologue et de l'épilogue, des indications éparses en d'autres livres inspirés, nous font voir dans ce drame une histoire, mais une histoire poétique et idéalisée. C'est aux partisans de la fiction à renverser nos arguments, à montrer l'impossibilité du caractère historique communément soutenu par les écrivains orthodoxes : jusque là nous continuerons à le défendre, dût-on nous traiter de rétrogrades et de fidéistes ; car nous n'oublions pas qu'en ces matières connexes au dogme les arguments critiques ne sont point les seuls recevables.

Non pas que la fiction, une fois démontrée, gênât l'exégète. Au contraire — ceci a l'air d'un paradoxe tout en frisant le truisme — l'enseignement de l'auteur inspiré en ressortirait avec plus de netteté et de certitude. Dans un dialogue réel, photographié sur place, il y a des inutilités, des digressions, des divagations ; dans un dialogue fictif, où l'écrivain élague et choisit à son gré, rien n'est oiseux ; tout concourt au but général et tire de là sa lumière ; la thèse, connue d'avance ou par la conclusion, sert de fil conducteur et guide sûrement dans le dédale des raisons contraires. Aussi disons-nous du poème de Job qu'il est un tableau fidèle, mais non pas une photographie.

De tous nos livres canoniques, celui dont l'historicité soulève le plus d'objections est certainement le Livre de Judith. Unanimement, à une ou deux exceptions près, les critiques hétérodoxes n'y voient qu'un roman pur et simple ou, si l'on veut, une fiction brodée sur un canevas réel plus ou moins ténu.

Avec la même unanimité, ou peu s'en faut, les exégètes catholiques maintiennent le caractère historique de l'ouvrage et, parmi ceux qui ont fait connaître au public leur sentiment, on n'en compte guère plus de cinq ou six qui soient d'avis contraire. Comment expliquer ce partage ? Uniquement par le préjugé et la mauvaise foi ? Non. Le désaccord tient à des causes moins apparentes et plus profondes : à une différence de tempérament intellectuel, de mentalité, comme on dirait aujourd'hui.

Le protestant aux yeux duquel, en matière critique, la tradition ne compte pas ou compte à peine, met en saillie les nombreuses objections que l'historicité fait naître. Le siège de Béthulie, la détresse d'Israël et sa délivrance inespérée, la fête nationale instituée à cette occasion, l'existence même de Béthulie et de l'héroïne semblent n'avoir laissé absolument aucune trace dans l'histoire sacrée et profane. Nul auteur inspiré n'y fait allusion ; Josèphe n'en dit pas un mot. D'où vient cette conspiration du silence autour d'un événement de premier ordre, si fécond en résultats pour l'avenir d'Israël ? Ouvrons le Livre lui-même. Dès la première ligne, nous sommes en présence d'une impossibilité historique : Nabuchodonosor, roi des Assyriens, qui régnait à Ninive. Ce n'est point là un lapsus accidentel ; le nom de Nabuchodonosor est répété une vingtaine de fois, sans aucune variante, en latin comme en grec et en syriaque. Partout ailleurs un pareil accord suffirait à produire la certitude critique et nous attribuerions sans hésiter à l'auteur de l'original aujourd'hui perdu cette leçon étrange, qui serait fatale au caractère historique de l'ouvrage.

Ce n'est pas tout. Quand il s'agit d'identifier notre Nabuchodonosor avec un souverain ninivite, quinze ou vingt systèmes s'offrent à nous. Choisissons le plus acceptable et même, ce semble, le seul acceptable : celui qui reconnaît Assurbanipal sous le Nabuchodonosor de Judith et place l'expédition d'Holopherne pendant la captivité de Manassé. Mais alors de nouvelles difficultés surgissent. Nous avons d'Assurbanipal, sans compter les documents de moindre importance, trois cylindres d'annales très circonstanciés, dont l'un renferme plus de treize cents lignes d'écriture. Bien que l'ordre chronologique n'y soit pas rigoureusement observé, ils nous renseignent fort bien sur la première période de ce règne. Nous n'avons pas la naïveté de croire que le grand roi va nous raconter ses défaites ; mais pourquoi ne dit-il rien de la prise d'Ecbatane, de l'écrasement des Mèdes, de son écla-

tante victoire sur Arphaxad (1), quand ses prédécesseurs,
Téglathphalasar, Sennachérib, Assarhaddon, font sonner
si haut leurs moindres avantages sur ces terribles en-
nemis de l'Orient, qui sont à la veille de ruiner à jamais
Ninive ? Et il est certain que l'histoire des Mèdes, telle
que nous la connaissons aujourd'hui, s'accorde difficile-
ment avec les données du Livre de Judith.

Ces raisons et d'autres semblables, qu'il serait oiseux
de rappeler, font impression sur beaucoup d'esprits.
Nous connaissons plusieurs théologiens catholiques,
aussi éminents par leur piété que par leur science, qui
ne se chargeraient pas de défendre l'historicité rigoureuse de ce Livre canonique. Ils préféreraient y voir
une composition littéraire d'un autre ordre : par exemple,
une histoire mêlée d'allégorie, comme s'exprime Maldonat à propos de quelques récits évangéliques, ou une
de ces narrations parénétiques du genre *midrasch*,
comme les Juifs en connurent tant à toutes les époques
et comme ils appellent précisément, aujourd'hui encore,
l'opuscule où sont relatés les exploits de Judith. Ils
prétendent que les éloges, décernés en passant par les
Pères de l'Eglise à l'héroïne de Béthulie, déposent bien
en faveur de son existence réelle, mais ne démontrent
pas directement la stricte historicité du Livre ; qu'on
pourrait peut-être en recueillir autant ou davantage sur
le bon Samaritain et sur le pauvre Lazare, sans que

____

(1) On ne saurait alléguer la mention, contenue dans un des
cylindres, d'un certain *Birizhatri, gouverneur de MAT-ai*
(Schrader, *Keilinsch. Biblioth.*, t. II, p. 178). MAT-ai n'est pas la
Médie ; Birizhatri n'est pas Arphaxad ; ce personnage n'est pas
roi, mais seulement gouverneur(*hazanu*) ; d'ailleurs les temps ne
concordent pas, puisque l'expédition contre Birizhatri eut lieu
pendant la quatrième campagne d'Assurbanipal ; enfin ce fait
d'armes eut si peu d'importance qu'il n'est même pas signalé
dans le grand cylindre de Rassam.

nous soyons obligés pour cela d'accorder à ces deux paraboles un caractère historique. Mettront-ils jamais le public dans la confidence de leurs convictions ? C'est fort douteux. Quelques-uns se disent : A quoi bon ? D'autres ne se sentent pas assez sûrs d'être en possession de la vérité pour s'en constituer les apôtres ; ils craignent d'être taxés de témérité en allant, sans raisons décisives, à l'encontre du sentiment commun ; ils attendent enfin que de nouvelles découvertes éclairent la question, ou qu'une décision doctrinale tombée de haut les tire de leurs perplexités.

Etant donnée l'allure historique indéniable du Livre de Judith, il faut au catholique, conservateur par instinct et nourri dans le respect de la tradition, des arguments bien péremptoires pour abandonner la thèse classique. Cependant, supposons qu'une circonstance imprévue nous fasse découvrir le texte même de Judith et nous montre, sans l'ombre d'un doute, que l'auteur a bien écrit le nom de Nabuchodonosor ; supposons que les documents cunéiformes, toujours plus clairs et plus abondants, nous apparaissent comme absolument inconciliables avec les données historiques ou géographiques du Livre ; acceptons pour un instant cette hypothèse peu probable, si l'on veut, mais nullement absurde. Il faudra bien alors se rendre à l'évidence et se rappeler que la canonicité d'un ouvrage n'emporte pas nécessairement son caractère historique.

Dût-on jamais renoncer à l'historicité de ce Livre canonique, le point de vue religieux n'en souffrirait guère. J'ose même dire qu'il y gagnerait.

On ne doit pas oublier ceci : il peut y avoir autant et plus de vérité morale et religieuse dans un récit fictif que dans une histoire réelle. Cette observation n'avait pas échappé au regard pénétrant de saint Thomas. Au début de son commentaire sur Job, il note avec raison que la portée didactique du dialogue inspiré est indépendante de son caractère historique. Il admet pour sa part que la théophanie qui clôt le poème peut n'être qu'une vision intérieure dramatisée et projetée au dehors. Il aurait pu ajouter, s'il n'avait craint l'apparence du paradoxe, même dans l'expression d'une vérité banale, que le Livre de Job serait plus instructif pour nous, que la pensée de Dieu s'y refléterait avec une clarté plus vive, au cas où tout le dialogue serait une pure fiction.

Jésus-Christ affectionnait le langage parabolique, et nous savons qu'à une certaine période de sa vie la parabole fut la forme ordinaire de son enseignement. Prétendra-t-on, par hasard, que des anecdotes vraies eussent mieux servi son dessein? Un exemple historique peut bien nous montrer en gros, par voie d'analogie, ce que nous avons à faire ou à éviter; mais la parabole et sa sœur l'allégorie, élaguant et choisissant à leur gré parmi les traits capables de nous instruire, forment une image idéale immédiatement applicable à notre conduite. Supposé que les touchants récits de l'Enfant prodigue et du bon Samaritain soient des histoires vraies — saint Luc ne leur donne pas le nom de paraboles — il me semble que la portée doctrinale en serait diminuée et que la dévotion des fidèles y perdrait quelque chose. Nous n'aurions pas alors à nous demander ce que signifient le prompt départ du prodigue, sa misère au pays étranger, sa servitude abjecte, les embrassements du père, les présents dont il comble son fils repentant, la victime immolée, le banquet final et l'allégresse universelle. Il n'y aurait là qu'un fait ordinaire, comme le monde en a vu sans doute plus d'un au cours des siècles. Mais quel aliment pour la piété de songer que les moindres traits de cette exquise histoire sont une création de l'esprit et du cœur de notre divin Maître ; qu'il a daigné les choisir exprès pour dépeindre au vif l'état misérable du pécheur et nous faire comprendre les infinis trésors des miséricordes divines !

CHAPITRE IV

II. CITATIONS EXPRESSES

L'historien ne parle pas toujours en son propre nom ;
il relate souvent les opinions ou les propos d'autrui.
Son rôle se borne alors à être rapporteur fidèle, et s'il
est toujours tenu d'être véridique, il n'est pas nécessairement vrai dans tous ses dires. Mettre à sa charge des
faits erronés, qu'il raconte sur la foi d'un autre, serait
méconnaître la loi de l'histoire et la nature du langage
humain.

§ 1. — *Particularité des langues sémitiques.*

En fait de citations et de références, les écrivains hébreux ont, par rapport aux historiens profanes, un dés-
avantage marqué. Hérodote, par exemple, vous suspend
à un *on dit* de longs paragraphes — histoire ou légende,
peu lui importe, puisqu'il n'entend pas s'en porter garant — ou, au moyen d'un optatif placé à propos,
répand un doute discret sur tout l'ensemble d'un récit.

Les langues sémitiques se prêtent mal à ces nuances. Elles manquent d'élasticité et de souplesse ; l'art des demi-jours et des perspectives leur est étranger ; elles dessinent fortement l'idée au lieu de l'estomper ; elles la présentent de face au lieu d'en crayonner vaguement le profil : vous diriez un paysage chinois, ou les premiers tâtonnements d'un novice en peinture. Privées des ressources de la période, et obligées de remplacer la subordination des membres par leur coordination, elles donnent aux divers éléments de la pensée le même relief. C'est surtout dans l'absence de style indirect que leur rigidité se révèle. Essayez de traduire en hébreu cette phrase : Moïse, sur l'ordre de Dieu, enjoignit aux Israélites d'immoler l'agneau pascal au soir du quatorzième jour. Bon gré, mal gré, il vous faudra la briser en menus fragments avant de la jeter dans le moule inflexible, qui a servi des milliers de fois aux écrivains sacrés : « Et Dieu dit à Moïse : Va trouver les enfants d'Israël, et dis-leur : Voici ce que dit le Seigneur : Allez, prenez un agneau d'un an ; au soir du quatorzième jour vous l'immolerez ».

En hébreu, le style direct et le style indirect ayant une expression unique sont, par là même, équivalents ; il en serait autrement dans les langues où on les distingue. C'est pourquoi Trogue-Pompée blâme Tite-Live et Salluste d'avoir mis en discours direct — sans prévenir le lecteur, à l'exemple de Thucydide — les harangues de leurs héros. En effet, le discours indirect ne promet que le sens ; le discours direct, à moins d'être imposé par le génie de la langue, fait espérer le mot à mot.

L'absence de style indirect entraîne un inconvénient encore plus grave. Il devient impossible de discerner la parole extérieure, qui frappe les oreilles, de la parole intérieure, qui va droit à l'intelligence, en passant tout au plus par l'imagination. La parole intérieure est inévitablement projetée au dehors, et aucun signe apparent ne la distingue de l'autre. Mésa écrira sur sa fameuse stèle : « Le fils d'Amri dit à son tour : J'opprimerai Moab. Et Chamos me dit : Va, reprends Nébo sur Israël. » Assarhaddon, Assurbanipal, Thouthmès III, tous les rois d'Egypte et d'Assyrie, comme ceux de Sidon et de Moab, racontent de même, toujours en style direct, leurs rêves et leurs inspirations. Bref, comme dans les langues sémitiques la parole intérieure, en prenant un corps, devient identique à la parole extérieure, nous ignorons par quels moyens — mots perceptibles à l'ouïe, images sensibles, ou action immédiate sur l'intelligence — Dieu communiquait sa pensée aux hérauts de la révélation.

Ce fait, trop peu remarqué, était à noter en passant ; mais il est secondaire. La question capitale est d'apprécier l'attitude de l'écrivain sacré vis-à-vis de ses sources.

§ 2. — *Garantie donnée par l'historien à ses documents.*

Tout le monde, je crois, est d'accord sur ce principe. L'historien inspiré ne fait siennes les paroles citées, que s'il les approuve expressément, ou d'une manière équivalente. Hors de là, l'Ecriture en laisse toute la responsabilité à leurs auteurs. Elles peuvent être vraies, comme elles peuvent être fausses ; c'est aux lecteurs d'en faire le discernement d'après les lois ordinaires de la critique historique ; car « s'il est vrai qu'elles furent dites, il n'est pas sûr qu'elles soient vraies ». Le mot est de saint Augustin.

L'historien a sans doute le droit d'apprécier la valeur
de ses documents, mais rien ne l'y oblige. Cent fois, au
cours de ses neuf *Muses*, Hérodote discute ses autorités,
oppose entre eux ses témoins, balance, hésite, et, malgré son naturel crédule, ne se prononce le plus souvent
qu'avec circonspection. Invoquer son témoignage en
faveur d'événements qu'il ne croit pas lui-même et ne
veut pas faire croire à ses lecteurs, c'est en dénaturer
l'esprit et le caractère. Quand Tite-Live nous raconte
sans sourciller la fable de la louve allaitant les deux
illustres jumeaux, et la défaite de Cacus, et l'apothéose
du fondateur de Rome, et les rapports mystérieux de
Numa avec la nymphe Egérie, il a soin de nous avertir
qu'il ne garantit pas ces légendes, qu'il trouve seulement
Rome excusable d'avoir poétisé son berceau, et consacré
par le merveilleux les débuts de la plus extraordinaire
des destinées. Mais, encore une fois, rien ne force l'auteur à se mettre en scène, et sa responsabilité est suffi-
samment dégagée dès qu'il produit ses témoins, sans
les approuver ni les contredire.

Il n'existe peut-être pas d'histoire plus impersonnelle —
que la Bible. La remarque a été souvent faite pour
l'Evangile ; on peut l'étendre à l'Ecriture entière. La
narration est si objective, et l'hagiographe laisse tellement les faits parler d'eux-mêmes, comme s'il avait pris
pour règle d'intervenir le moins possible, qu'il approche
parfois de cette impassibilité rêvée par des critiques modernes pour l'historien idéal. Certaines réponses de
Jacob, de Judith et des sages-femmes égyptiennes, le
suicide de Samson, le vœu de Jephté, et, pour citer des
actes qui ne comportent pas d'apologie, l'étrange conduite de Juda avec sa bru et l'inceste des filles de Loth
sont rapportés sans un mot de blâme. Cette réserve
extrême n'a pas d'inconvénients ; car l'Ecriture s'adresse

à des êtres doués de raison, éclairés par l'ensemble de la vérité révélée, et soumis, dans l'interprétation du texte sacré, à l'autorité d'un magistère infaillible.

Or, la Bible est un code de morale, bien plus qu'un manuel d'histoire. Sur le terrain historique, il ne faudra donc pas trop facilement présumer son témoignage, ni prendre son silence pour une approbation.

On a dépensé une érudition énorme à résoudre les antilogies des deux livres des Machabées. L'intention était bonne et la tache louable ; mais on pouvait la simplifier en négligeant les objections qui tombent d'elles-mêmes. Que l'éloge des Romains y soit excessif, que la prise d'Antiochus, ignorée de tous les écrivains profanes, soit controuvée : c'est possible (1). Comment prouverez-vous que tout cela n'a pas été *raconté* à Judas Machabée ? Or, l'Ecriture ne dit rien de plus. La victoire remportée par six mille Juifs sur cent mille Galates (2) vous paraît incroyable ? Fort bien ; mais ce fait d'armes est tiré d'un discours où le général en chef parle peut-être par ouï-dire ou avec une pointe d'exagération. Le récit relatif à l'arche et au feu sacré sauvés par Jérémie sent, dit-on, la légende (3). Qu'importe ! L'auteur inspiré n'en est pas responsable : il se borne à transcrire une lettre adressée aux Juifs égyptiens par leurs frères de Palestine qui se réfèrent à un écrit de Jérémie — authentique ou supposé, ce n'est pas la question. Cette même épître, qui est dans l'Ecriture sans être parole d'Ecriture, fait mourir Antiochus Epiphane en Perse, dans le temple de la déesse Nanée, alors que les deux livres des Machabées rapportent sa mort dans des circonstances toutes différentes. Ici la contradiction est manifeste, et le bon Pereira ne

---

(1) I Mach., viii. 1-7.
(2) II Mach., viii, 20.
(3) *Ibid.*, ii, 4 *sqq.*

s'en tirait pas. La solution, pourtant bien simple, était
déjà suggérée par Emmanuel Sa, et bien que Cornélius
à Lapide la trouve un peu *dure*, elle est maintenant
acceptée d'emblée par les critiques les plus conserva-
teurs (1). C'est que la lettre en question figure dans le
second livre des Machabées à titre de pièce justificative,
dont l'écrivain sacré ne garantit pas toute la teneur ; et
pour en revenir au mot si juste de saint Augustin : il est
vrai qu'elle fut écrite, mais il n'est pas certain qu'elle
soit vraie de tout point.

Pour faire siens les documents qu'il cite, l'historien
sacré doit les approuver, au moins implicitement. Il
faut toujours en revenir à ce principe, dicté par le bon
sens et accepté de tous les exégètes : Le fait qu'un discours ou un document est consigné dans l'Ecriture ne
confère aucune valeur nouvelle à ce discours ou à ce
document (2).

Les sources à la portée de l'hagiographe n'étaient pas
toutes de même valeur. Lorsque David, cédant à une
pensée d'orgueil qui devait lui coûter si cher, ordonna
le dénombrement de tous ses sujets, Joab chargé de
cette besogne ingrate s'en acquitta à contre-cœur et sans
le moindre zèle. Il excepta du recensement Lévi et
Benjamin ; ensuite, il procéda au reste de façon sommaire : car c'était trop peu de neuf mois et demi pour une
opération si vaste et si compliquée.

Il avait trouvé, en nombres ronds, huit cent mille
hommes au-dessus de vingt ans dans le territoire
d'Israël, et cinq cent mille dans celui de Juda. Ces
chiffres sont élevés, et l'on peut à bon droit les soup-

______

(1) Kaulen, *Einleitung*, 3e édit., 1890, p. 289 ; Cornely, *Intro-
ductio*, 1887, t II, pars I, p. 469.

(2) Schmid, *De Inspirationis Bibliórum vi et ratione*,
Brixen, 1885, p. 120.

çonner d'avoir été grossis par Joab, qui n'opérant point avec les méthodes précises des statisticiens modernes, s'en rapportait sans doute aux données fournies par les intéressés. On sait, par l'exemple de la Turquie et de la Chine, combien sujettes à caution sont ces évaluations par à peu près, beaucoup trop fortes ou beaucoup trop faibles, selon qu'il s'agit de privilèges à conquérir ou d'impôts à payer. En tout cas, le livre des Rois reproduit bien les résultats tels que Joab les transmit à son maître (1). Mais les Paralipomènes, racontant le même fait, donnent des chiffres tout différents : onze cent mille pour Israël, quatre cent soixante-dix mille pour Juda(2). Plusieurs commentateurs se tirent d'affaire en supposant, ici encore, des fautes de copiste. C'est une ressource dont il ne faut pas abuser, quand texte et versions sont d'accord, et que l'erreur ne saurait s'expliquer naturellement. Le meilleur principe de solution ne nous serait-il pas indiqué par l'auteur lui-même ? Celui-ci nous assure que, grâce aux répugnances de Joab, le dénombrement ne fut pas achevé, et qu'ainsi le résultat n'en fut pas inséré aux fastes du roi David (3). Autrement dit, on n'en possédait pas de relation authentique ; il en existait seulement des estimations diverses plus ou moins exactes, puisque l'opération, faite en gros et au juger, n'avait même pas été terminée. —

II. — RÉFÉRENCES TACITES

§ 1. — Leur existence dans la Bible

La citation implicite est celle qui se présente sans les

---

(1) II Reg., xxiv, 9.
(2) I Paral., xxi, 5.
(3) I Paral., xxvii, 24.

signes ordinaires de référence. Si le lecteur contemporain, auquel s'adresse directement le livre, n'arrivait pas à la reconnaître, ce serait un plagiat, ou du moins, à une époque où la propriété littéraire est ignorée, un moyen commode et économique d'exprimer ses idées avec les paroles d'autrui. Mais, dans un cas comme dans l'autre, l'écrivain prendrait à son compte l'emprunt tacite, et la pièce étrangère serait regardée à bon droit comme partie intégrante de sa pensée.

Des artifices typographiques nous permettent aujourd'hui d'indiquer une citation sans en nommer l'auteur. Mais, quelquefois, tout signe extérieur devient superflu : un vers dans un récit en prose, une phrase latine égarée au milieu du français, les proverbes, les mots historiques, certains passages de l'Écriture que tout le monde sait par cœur, se détachent immédiatement du contexte et sont rapportés sans peine à leurs vrais propriétaires. En pareil cas, citer par chapitre et verset aurait quelque chose de prétentieux et de pédantesque. Voilà ce qu'on peut appeler citation implicite.

Existe-t-il dans la Bible des citations implicites ? Il faut sans hésitation répondre : oui.

Entre les deux parties d'Isaïe s'intercalent quatre chapitres reproduits mot pour mot du quatrième Livre des Rois (1). Les différences textuelles ne dépassent pas les variantes ordinaires des copies d'un même passage. Ce qu'il y a de curieux, c'est que les deux textes, dans leur état actuel, contiennent, aux mêmes endroits, une confusion de dates et une interversion de faits (2). Or,

____

(1) Is., xxxvi-xxxix ; IV Reg., xviii-xx.

(2) La maladie d'Ezéchias (Is., xxxviii ; IV Reg., xx, 1-11) et le message de Mérodach-Baladan (Is., xxxix ; IV Reg., xx, 12-19) doivent se placer avant l'invasion de Sennachérib, en 701 (Is., xxxvi-xxxvii ; IV Reg., xviii, 13-xix, 37), laquelle suivit la défaite

de trois choses l'une : ou bien ce fragment historique,
composé par l'auteur des Rois, a été inséré sans référence par Isaïe ou son éditeur; ou bien c'est précisément le contraire ; ou enfin l'un et l'autre puisent, sans
prévenir le lecteur, à une source étrangère. En tout cas,
un des écrivains sacrés, ou tous les deux, s'approprient
plusieurs pages d'histoire d'une autre plume, laissant à
leurs lecteurs le soin de retrouver l'original.

Comparons maintenant les Livres des Rois avec les
Paralipomènes. En écrivant en regard, sur deux colonnes
parallèles, les parties communes, nous constaterions
qu'elles se montent à une vingtaine de chapitres.
L'identité du récit n'est point partout certaine ; mais,
souvent, les rapports se poursuivent pendant des pages
entières, dans le même ordre, avec les mêmes traits et
les mêmes expressions caractéristiques (1). On n'en
saurait douter ; l'auteur des Paralipomènes cite le Livre
des Rois, ou la source de ce dernier ouvrage, ou un
écrit postérieur fondé sur lui, et il les cite sans le
moindre signe extérieur de référence : ce sont des citations implicites (2).

et la chute de Mérodach-Baladan et précéda de deux ans à peine
la mort d'Ezéchias. De plus, la date (Is., xxxvi, 1; IV Reg.,
xviii, 13) qui semble se rapporter à l'expédition de Sennachérib,
appartient à la maladie d'Ezéchias, treize années auparavant.

(1) On peut comparer : I Reg., xxxi avec I Paral., x ; II Reg.,
vii-viii avec I Paral., xvii-xviii; III Reg., x avec II Paral., ix;
I Reg., xxii avec II Paral., xviii, etc. Cette comparaison est indispensable à qui veut se faire une opinion personnelle sur la
question présente. On remarquera comment l'auteur des Paralipomènes transcrit des expressions qui ne sont pas de son style
et copie même un *jusqu'au jour actuel* (II Paral., v, 9) qui
n'est plus vrai de son temps.

(2) Un théologien scolastique vient d'écrire un opuscule sur
l'inspiration. Bien qu'il ne soit pas sûr son terrain ordinaire
— ce dont on s'aperçoit de reste — il s'en tire en homme

Tous les Livres historiques de l'Ancien Testament paraissent rédigés à l'aide de documents antérieurs ; mais les références expresses sont de plus en plus rares à mesure qu'on remonte le cours des âges. A l'origine, on ne cite guère que les poètes : les écrits en prose sont du domaine public. Le Pentateuque renvoie seulement au *Livre des guerres du Seigneur* (1) ; Josué, au *Livre du Juste* (2).

Déjà l'auteur des Rois utilise trois sources distinctes : les *Actes* ou *Gestes de Salomon* (3), les *Annales des rois d'Israël*, citées dix-sept fois, dans la notice de tous les souverains du royaume septentrional, à l'exception de Joram et d'Osée ; enfin les *Annales des rois de Juda*, citées quinze fois, après tous les règnes, sauf ceux d'Ochozias, d'Athalie, de Joas, de Jéchonias et de Sédécias. C'étaient des documents publics, composés au fur et à mesure des événements par des dignitaires spécialement chargés de ce soin. Nous savons que la fonction d'historiographe royal ou de chroniqueur officiel existait à la cour de David, de Salomon, d'Ézéchias et de Josias (4) et nous pouvons supposer qu'il en fut de même sous les autres princes, bien que l'Écriture Sainte n'ait pas l'occasion de le signaler. Ces documents, par

d'esprit et de talent. Naturellement il ne veut pas entendre parler de citations implicites. Si le mot seul l'offusque, je ne mettrai aucune obstination à le maintenir ; mais il oublie de nous dire par quoi il remplace la chose et, malgré 1 répugnance qu'il doit éprouver à descendre aux faits concrets et réels, le lecteur attendait cela de lui. Il ne s'agit ni de phraser ni de ruser, ni de biaiser : s'il n'y a pas dans la Bible de citations implicites, il y a des erreurs. Le savant théologien accepte-t-il cette seconde alternative ?

(1) Num., xxi, 14.
(2) Jos., x, 13 : cf. II Reg., i, 18.
(3) III Reg., xi, 41.
(4) III Reg., iv, 2 ; IV Reg., xviii, 18, 37 ; II Paral., xxxiv, 8

allusion à leur contenu et à la manière dont ils étaient composés, prenaient le nom significatif de *Livres des Jours,* ce que nous traduirions aujourd'hui par diaire, journal, annales ou chronique.

Les Paralipomènes sont encore plus riches en cita_tions. Ils se réfèrent à seize documents et, quoique plusieurs de ces écrits désignent sans doute le même ouvrage sous différents titres, la documentation n'en reste pas moins très abondante. Cependant, fait à retenir, l'hagiographe ne nous dit nulle part dans quelle mesure il est redevable à ses sources ; il se contente de nous y renvoyer pour un supplément d'information.

§ 2. — *Signes ou indices des références tacites*

Les contemporains devaient reconnaître d'emblée ces emprunts. Pour nous, quand l'original n'existe plus à côté de la copie, ce travail de dissection, extrêmement laborieux, ne mène en général qu'à des résultats probables. Il est plus malaisé au critique de séparer les matériaux dont se compose un livre et à les remettre chacun à sa place respective, qu'à l'archéologue de discerner l'âge et la provenance des diverses assises d'un édifice, sous le recrépissage qui les recouvre. Il y a bien le style, mais ce critérium est très subjectif ; il y a la différence de points de vue, mais cette pierre de touche demande à être maniée avec une extrême dextérité. Malgré l'absence de toute citation, on a cru distinguer dans le Livre des Juges des documents antérieurs, différents de ton, de manière et de langue. L'impression personnelle du critique peut y être pour beaucoup ; du reste, ces opérations sont trop délicates et trop com-

plexes pour qu'il soit possible d'en donner ici la plus
légère idée.

Quelquefois cependant, la divergence du point de vue
est si accusée qu'un lecteur attentif ne peut pas manquer
d'en être frappé. Si je lisais, dans une Vie de sainte
Thérèse, que la grande réformatrice du Carmel mourut
la veille du 5 octobre 1582 et aussi la veille du 15 octobre de la même année, j'en conclurais avec assez de
vraisemblance que l'auteur emprunte sa datation à deux
systèmes chronologiques, dont l'un suit la réforme gré-
gorienne, mise en vigueur précisément le lendemain du
jour où mourut Thérèse, tandis que l'autre l'ignore ou
n'en tient pas compte.

Nos Livres sacrés nous offrent plusieurs anomalies
pareilles. Ochozias monte sur le trône la onzième
année (1) de Joram d'Israël et aussi la douzième
année (2) de ce même roi ; Joram de Juda commence
son règne la cinquième année (3) de Joram d'Israël, et
celui-ci, à son tour, inaugure le sien la deuxième
année (4) de Joram de Juda ; Joathan et Achaz se
succèdent et règnent seize ans chacun (5) : cependant,
le règne d'Osée est daté de la douzième année d'Achaz (6)
et de la vingtième de Joathan (7). La liste de ces antilogies serait aussi longue que fastidieuse : le seul
moyen d'en venir à bout est, ce semble, d'admettre une
différence de point de vue et de documents utilisés.

Prenons un exemple typique. La liste des Juifs dé-

(1) IV Reg., ix, 29.
(2) IV Reg., viii, 25.
(3) IV Reg., viii, 16.
(4) IV Reg., i, 17. Et aussi la dix-huitième année de Josaphat,
IV Reg., iii, 1.
(5) IV Reg., xv, 32 ; xvi, 2 ; II Paral., xxvii, 1 ; xxviii, 1.
(6) IV Reg., xvii, 1.
(7) IV Reg., xv, 30.

portés par Nabuchodonosor et rentrés en Palestine sous la conduite de Zorobabel existe en double dans l'Écriture (1), mais avec des variantes singulières. Le total général est le même des deux côtés, mais il est loin de concorder avec les résultats partiels, et ceux-ci diffèrent dans les deux listes à peu près une fois sur deux. Pour aplanir ces antilogies, on peut sans doute en appeler aux méfaits de copistes négligents ou lassés, qui ne se trompent jamais plus souvent qu'en transcrivant des chiffres et des noms propres. Si l'on réfléchit cependant qu'entre la Vulgate et le texte hébreu actuel il y a, après quinze siècles, concordance parfaite, que les divergences des Septante sont peu nombreuses et faciles à expliquer (2), on aura moins de confiance en cette suprême ressource. C'est dans le court intervalle qui

(1) Esd., ii ; Neh., vii. La liste se trouve aussi dans III Esdras, v ; mais, pour simplifier, nous laissons de côté cet apocryphe. Dans les deux premières listes, le nombre total des émigrants est identique, 42.360 ; ce nombre est confirmé par III Esd., v, 41. De même les serviteurs sont de part et d'autre 7.337, les chevaux, 736, les mulets 245, les chameaux 435, les ânes 6.720 ; il n'y a de différence que pour les chanteurs, évalués à 245 dans Néhémie — à 200, en nombres ronds, dans Esdras. Mais les données partielles diffèrent 18 fois sur 41 et les divergences ne s'expliquent pas généralement par la similitude des chiffres ou des noms de nombre. Ce qu'il y a de plus curieux, c'est que la somme des parties composantes ne correspond pas, tant s'en faut, au total indiqué ; elle est de 29.816 dans Esdras, 31.089 dans Néhémie (30.143 dans III Esdras — d'après Clair, *Esdras et Néhémie*, 1882, p. 13) au lieu de 42.360.

(2) L'hébreu actuel et la Vulgate paraissent fautifs une fois, Néh., vii, 33. Ils omettent la maison de Megbis, comptant cent cinquante-six membres, qui se trouve dans le texte parallèle d'Esdras, et ici même dans les Septante. Il est cependant possible que Megbis ne fut point dans le document copié par Néhémie. Les traducteurs grecs l'auraient ajouté plus tard dans l'idée qu'on l'avait omis par erreur.

sépare la composition des deux livres d'Esdras de leur traduction en grec qu'il faudrait placer les corruptions de l'un ou de l'autre de ces textes, et cela à une époque où, tout le judaïsme étant concentré autour de la ville sainte, il était si facile de veiller à la pureté des Livres saints. L'hypothèse, tout en restant possible, n'est pas très vraisemblable.

Examinons de près nos deux listes. Néhémie nous avertit qu'il emprunte la sienne à un vieux registre trouvé par lui au moment où il se proposait de faire un nouveau dénombrement. Ce document, il ne le corrige pas, il ne l'apprécie pas, il ne le vérifie pas ; il le donne tel quel ; il n'en garantit que la copie conforme : *Inventum est scriptum in eo* (1).

Supposez que l'auteur nous eût livré le document sans nous rien dire de son origine : la nature de la pièce ne nous permettrait-elle pas de conclure à un emprunt ? Se figure-t-on un historien, à un siècle ou peut-être un siècle et demi de distance, donnant de son cru un recensement compliqué qui comprend une centaine de noms et une cinquantaine de nombres avec le chiffre exact des dizaines et même des unités ? Le seul fait que la somme excède de beaucoup les parties composantes n'est-elle pas un indice suffisant qu'on se trouve en présence d'un document mutilé ou incomplet ? Nous sommes ainsi ramenés à notre question première : N'y a-t-il pas, en ce cas, citation implicite ? Et si le genre littéraire adopté comporte la citation, l'autorise et la légitime, si, dans des conditions identiques, l'écrivain profane est censé invoquer ses sources, je demande pour quelle cause on refuserait à l'auteur inspiré un traitement pareil ?

(1) Néh., vii, 5.

Encore un exemple. Caïnan, inséré par les Septante dans la liste des patriarches, entre Arphaxad et Salé, et maintenu par saint Luc dans sa généalogie du Christ, apparemment sur l'autorité des Septante, a toujours été pour les exégètes un vrai casse-tête chinois. Ils renvoient le lecteur de la Genèse à saint Luc et de saint Luc à la Genèse ; s'ils se décident à aborder la difficulté, c'est souvent pour nous avertir qu'ils n'y voient point d'issue. Tel est aussi le dernier mot de l'honnête et judicieux Pereira qui a examiné la question sous toutes ses faces. Des cinq solutions proposées, par ses devanciers, aucune ne le satisfait, pas même l'hypothèse des fautes de copiste, cet expédient si commode et si vite trouvé. Il juge, avec un sens critique bien surprenant pour son époque, que les fautes de copiste, supposées sans le plus léger indice diplomatique, ouvrent la porte toute grande au scepticisme et à l'arbitraire. Hypothèse pour hypothèse, mieux vaut admettre l'existence réelle de Caïnan que les Septante peuvent avoir connu par la tradition.

Mais une autre école qui, si je ne me trompe, tend à prévaloir aujourd'hui, tranche la difficulté par la racine. Saint Luc se bornerait à transcrire le nom de Caïnan d'après les Septante, sans se prononcer sur son authenticité.

Les apôtres, nul ne l'ignore, citent presque toujours l'Ancien Testament d'après les Septante, même quand ces derniers sont en désaccord avec l'hébreu. Qu'ils ne tirent point leurs preuves du point précis où la version diffère du texte, nous l'admettons volontiers : car alors leur démonstration reposerait sur le vide ; et, s'ils prétendaient néanmoins argumenter par l'Écriture, leur assertion serait erronée. A Dieu ne plaise ! Ils allèguent l'Écriture d'après les Septante, comme nous la citons d'après la Vulgate, sans examiner de plus près sa con-

formité avec l'original, parce que le langage humain
tolère cette latitude et n'exige pas, dans les citations,
une scrupuleuse rigueur. Cependant, à parler stricte-
ment, la phrase des Septante reproduite dans l'épître
aux Hébreux : « Vous m'avez préparé un corps »,
n'équivaut pas entièrement au texte : « Vous m'avez
ouvert les oreilles », c'est-à-dire rendu attentif. Dans
cet exemple et autres semblables, aucune subtilité exé-
gétique n'arrivera jamais à montrer l'identité parfaite.
La différence n'est que modale; soit. Mais ce mode,
surajouté au sens de l'Écriture, est-il, dans la rigueur
des termes, de l'Écriture? L'apôtre toutefois le donne
comme parole d'Écriture, parce que, pour des lecteurs
familiarisés avec son emploi des Septante, les formules
de citation signifient simplement : L'Écriture, selon
la version généralement usitée, affirme ceci. Dès lors pas
d'erreur, pas même d'inexactitude.

Pourquoi n'en serait-il pas ainsi de Caïnan? Serait-ce
parce que saint Luc ne cite pas les Septante? Le ré-
dacteu. de l'épître aux Hébreux ne les cite pas davantage. L'auteur sacré cite l'Écriture, comme nous la
citons, et laisse au lecteur le soin de conclure par
analogie qu'il emploie la version généralement en
usage. Si vous tenez à pointiller, il vous faudra lui im-
puter une foule d'autres erreurs ; car le père de Jessé ne
s'appelle ni Jobel ni Jobed, celui de Booz n'est ni Sala
ni Salmon; Arnéï n'est pas plus qu'Aram le fils
d'Hesron. Tous ces noms, estropiés comme beaucoup
d'autres, sont dus à des variantes fautives des Septante.
Ils nous prouvent que l'Evangéliste, en dressant son
tableau généalogique, n'est point remonté au texte
original, mais non pas qu'il s'est trompé. L'orthographe
correcte lui importait peu et il n'avait pas l'intention de
nous l'enseigner.

§ 3. — *Garantie donnée par l'hagiographe aux références tacites*

Et voilà précisément le point en litige. L'historien ne peut-il pas se référer à un document sans une formule de citation explicite, renouvelée chaque fois ? N'a-t-il pas à sa disposition d'autres moyens de référence ? Et, lorsqu'il cite de la sorte, doit-on toujours le regarder comme garant des moindres faits contenus dans le document qu'il invoque ?

Quand l'historien du premier Empire énumère la force exacte des armées belligérantes, avec l'effectif des corps et des régiments, le nombre précis des pertes, en hommes tués, blessés et disparus, la liste des promotions ou des récompenses, n'ai-je pas quelquefois le moyen de conclure, sans qu'il me le dise en toutes lettres, qu'il emprunte des renseignements si détaillés aux archives de la guerre ou aux rapports des généraux ? Il m'est plus malaisé de connaître l'attitude de l'écrivain relativement à ses sources. Mais suis-je forcé de croire qu'il en garantit l'exactitude parfaite, intégrale, jusqu'au dernier iota, quand plusieurs générations ou plusieurs siècles le séparent des événements ? Ne suffit-il pas à son but que l'autorité invoquée soit véridique, sans être infaillible, et si j'en admets l'inerrance, est-ce en vertu de son témoignage ?

Ces questions relèvent moins du théologien ou de l'exégète que du critique et du philosophe, car elles concernent les règles d'un genre littéraire et les lois générales du discours. Quand les critiques et les philosophes auront prononcé leur verdict, exégètes et théologiens n'auront qu'à s'incliner, à moins de s'inscrire en faux contre cette assertion de Léon XIII, que l'Écriture parle aux hommes un langage humain.

CONCLUSION

L'inspiration préserve de toute erreur, mais ne donne
pas toute science. Rien n'empêche l'hagiographe d'hésiter, de douter, d'ignorer, d'avouer son doute ou son
ignorance, de s'abstenir de toute affirmation formelle,
de donner son opinion sous toutes réserves, de lui attri-
buer une simple probabilité. Il dira, par exemple, que
les jarres de Cana contenaient deux ou trois mesures;
que Jésus, marchant sur les eaux, fut aperçu à vingt-cinq
ou trente stades ; que le proconsul Festus partit pour
Césarée après avoir passé huit ou dix jours à Jérusalem.
Saint Paul dira qu'il ignore s'il a été ravi au troisième
ciel en corps ou en âme, s'il a baptisé quelqu'un à
Corinthe, outre Crispus et Caïus et la maison de Stépha-
nas. De quel droit, dans le premier cas, oserais-je douter
de son doute ; et, dans le second, refuser de croire à son
ignorance ? Paul est-il moins digne de foi quand il dé-
clare ignorer, que lorsqu'il dit savoir ? En le croyant
sur sa parole, lorsqu'il affirme qu'une chose est probable ou douteuse, on croit à Dieu lui-même, dont Paul
est l'organe ; notre foi n'est pas diminuée, elle ne fait
que changer d'objet.

Mais, dira-t-on, Dieu, qui est l'auteur principal de
l'Écriture, ne doute pas, n'ignore pas. Pour lui, une chose
ne saurait être simplement probable : elle est, ou elle
n'est point. Par suite, lorsque l'hagiographe paraît

hésiter, lorsqu'il en appelle à ses sources sans se prononcer sur leur valeur, ou cite ses témoins sans en
garantir la véracité, ce ne peut être qu'une figure de
rhétorique et le désir de se conformer aux habitudes
reçues.

Comment prouve-t-on cette conséquence ? A-t-on
jamais essayé d'en établir le bien fondé ? En l'exami-
nant de près, on en découvre aussitôt le défaut. Pour
qu'elle tînt debout, il faudrait que l'inspiration fût une
dictée : ce qui n'est pas.

L'hymen mystérieux de Dieu et de l'homme, dont le
fruit est le livre inspiré, a pour pendant l'union admi-
rable de la nature et de la grâce dans la production de
l'acte surnaturel. Dans sa réalité concrète, l'acte est
tout entier de Dieu, tout entier de l'homme. N'essayez
pas de le diviser pour en assigner une part à chacune
des deux causes ; car ces deux causes ne sont point
partielles, elles sont totales, chacune en son ordre,
quoique subordonnées en un principe unique : l'homme
divinisé, ou Dieu élevant les forces de l'homme au-dessus
de sa puissance native. Et cependant, tout indivisible
qu'il est, cet acte doit ses qualités et ses imperfections
à l'une ou à l'autre des deux activités en jeu : il est surnaturel comme produit de la grâce ; il est libre et mé-
ritoire et en même temps limité, comme procédant d'une
volonté libre et d'une nature finie. Tout indivisible
qu'il est, l'acte surnaturel emprunte à l'homme, qui
le produit sous la motion et le concours de Dieu, ses
caractères individuels, son originalité, et, si l'on peut
ainsi dire, sa marque de fabrique, son ton, son air et
sa couleur ; car Dieu mesurant son concours à la faiblesse de l'homme, s'accommode à notre action ; et la
grâce, au lieu de violenter la nature, après lui avoir
donné le branle, ne fait que la seconder.

Une autre difficulté préoccupe de bons esprits. Si l'intelligence de la Bible est connexe au progrès des sciences, si le devoir de l'exégète est de tenir compte des données profanes, le vrai sens de l'Ecriture ne demeure-t-il pas toujours incertain et comme en suspens ? On pourra flairer partout une métaphore, une allégorie, une citation implicite. Comment, au milieu de ces doutes, faire un acte de foi en la parole divine ? L'objection est assez forte et je ne pense pas l'avoir affaiblie ; mais elle s'évanouit à la réflexion.

L'acte de foi, outre l'existence objective de la vérité révélée sans laquelle il ne se conçoit pas, exige la certitude morale du fait de la révélation : certitude toute relative, certitude du charbonnier ou du savant. Le villageois, l'humble servante entendent, au prône du dimanche, leur curé expliquer l'évangile ; ils ne se demandent point s'il est assez bon linguiste, assez fort exégète pour ne pas mêler au pur froment de la parole de Dieu quelques grains d'ivraie de la parole humaine ; ils repousseraient cette idée comme une folle imagination, comme une extravagance ; avec leur certitude relative, ils font des actes de foi, aussi bien ou mieux que le théologien le plus consommé ; et c'est fort heureux, car autrement la porte du ciel leur serait fermée irrémissiblement.

Le commun des mortels, en lisant la Bible, se trouve précisément dans le même cas. Ne pouvant remonter à l'original, il faut qu'il s'en rapporte à une version, nécessairement défectueuse, le traducteur fût-il saint Jérôme. Le passage qu'on a actuellement sous les yeux est-il bien traduit ? Comme cette question peut se renouveler à chaque verset et à chaque ligne, il semble qu'un doute perpétuel planera toujours sur l'esprit du lecteur. Il faut bien cependant que les faiseurs de théories arrangent leurs systèmes de manière à trouver à ces ignorants, à ces simples, une place en paradis.

Le savant est-il mieux partagé ? Il s'abreuve sans intermédiaire aux sources de la révélation ; mais cette écriture figée sur la page froide d'un livre ne vient pas directement du ciel ; elle a derrière elle une longue histoire ; elle a subi bien des vicissitudes. Fautes de copistes négligents, fautes de correcteurs maladroits, erreurs involontaires, erreurs voulues aussi : je sais que tout cela existe dans les saints Livres ; je sais que ces variantes s'additionnent et se multiplient à mesure qu'on s'éloigne des origines ; je sais que Dieu n'a pas voulu s'opposer par un miracle aux causes naturelles de corruption du texte sacré, dès que la vérité religieuse n'y est pas gravement intéressée ; je sais tout cela, et la même question, toujours plus pressante, se pose de nouveau : Comment l'acte de foi, dans ces conditions, reste-t-il possible ?

A vrai dire, l'objection, ramenée à ces termes, est résolue dans tous les manuels de théologie, et il n'y a pas lieu de s'en émouvoir. Ce n'est pas la possibilité abstraite de l'erreur qui s'oppose à la certitude — sans quoi la certitude morale, ou même physique, n'existerait jamais — c'est le doute positif, fondé sur des raisons concrètes. On est assuré, en général, que nos Livres canoniques nous ont été transmis avec une intégrité convenable, que la Vulgate est fidèle en substance, que le sens naturel des auteurs sacrés est bien leur sens légitime : cela suffit à la certitude. Le critique peut sans danger s'efforcer de rétablir le texte primitif ; le linguiste, vérifier l'exactitude des traductions ; l'historien, étudier les genres littéraires des écrivains et la portée de leurs affirmations. Que sur un point particulier un doute nouveau s'élève, c'est possible ; il n'y a là rien d'insolite ni de nature à nous alarmer.

La foi n'a rien à craindre de la vérité, de quelque côté qu'elle vienne. L'étude objective de la Bible n'affaiblira ni le dogme de l'inspiration, ni le fait de la révélation : elle pourra seulement renverser quelque vieux système et nous obliger à modifier des opinions rendues chères par l'habitude, le préjugé ou l'esprit d'inertie. Mais la parole de Dieu est immuable et demeure éternellement.

TABLE DES MATIÈRES

—

SAINT-AMAND (CHER) — IMPRIMERIE BUSSIÈRE

www.ingramcontent.com/pod-product-compliance
Lightning Source LLC
Chambersburg PA
CBHW051617060726
47597CB00004B/1319